图解铁路工程施工安全 19

图解铁路营业线施工安全

张发祥　编著

中国铁道出版社
2017年 · 北京

图书在版编目(CIP)数据

图解铁路营业线施工安全/张发祥编著
北京:中国铁道出版社,2013.7(2017.9重印)
(图解铁路工程施工安全/黄守刚主编)
ISBN 978-7-113-16991-6

Ⅰ.①图… Ⅱ.①张… Ⅲ.①铁路施工—安全技术—图解 Ⅳ.①U215.8-64

中国版本图书馆 CIP 数据核字(2013)第 156234 号

书　　名:图解铁路工程施工安全
图解铁路营业线施工安全
作　　者:张发祥

策划编辑:许士杰
责任编辑:许士杰　　**编辑部电话**:(010) 51873204　　**电子信箱**:syxu99@163.com
编辑助理:宋　薇
版式设计:李　悦
责任印制:陆　宁

出版发行:中国铁道出版社(100054,北京市西城区右安门西街8号)
网　　址:http://www.tdpress.com
印　　刷:中国铁道出版社印刷厂
版　　本:2013年7月第1版　2017年9月第3次印刷
开　　本:850 mm×1 168 mm　1/32　印张:7.5　字数:269千
印　　数:3 501~4 000 册
书　　号:ISBN 978-7-113-16991-6
定　　价:32.00元

前 言

铁路工程建设规模大、施工人员分散、流动性强、机械化程度低、劳动强度高、安全管理人员数量少、临时设施多、职业卫生条件差，加之新材料、新技术、新工艺、新装备大量采用，安全管理任务重，难度大。为解决铁路工程施工安全教育培训难题，编著者们针对铁路工程施工的安全特点，撰写了“图解铁路工程施工安全”系列丛书。

本丛书以最新版铁路工程施工安全技术规程、施工现场临时用电安全技术规范、建筑机械使用安全技术规程等标准、规范、规程为基础，以满足安全管理、安全技术和安全操作三个层次人员的教育培训需要为目标，深入浅出地用图画形式直观、形象地解析了铁路工程施工危险危害因素、安全基本常识、安全技术要点与安全管理注意事项等。

本丛书特别适合作为一线施工人员的安全知识、安全技能学习的自学用书，也可作为安全作业的指导用书，还适合于施工安全管理人员、施工技术人员等参考阅读。

限于编著者们的水平和绘图素材的选取局限性，书中错误和不妥之处在所难免，恳请广大读者批评指正。

本丛书由石家庄铁道大学黄守刚主持编著，铁道部铁路工程技术标准所薛吉岗主持审定。

编著者

2013年5月

目录

Contents

目录

Contents

1　铁路营业线施工范畴及分类

铁路营业线施工是指影响营业线设备稳定、使用和行车安全的各种施工作业。按组织方式、影响程度分为施工和维修两类。邻近营业线施工纳入营业线施工管理范围。

1.1 施工项目

1. 线路及站场设备技术改造。

2. 增建双线施工。

3. 新线引入、电气化改造等施工。

4. 跨越、穿越线路、站场的桥梁、涵洞、管道、渡槽的施工。

5. 跨越、穿越线路、站场的电力线路、通信线路、油气管线的施工。

6. 铺设道口、平过道等设备设施的施工。

7. 在铁路安全保护区内架设、铺设管道、渡槽和电力线路、通信线路、杆塔、油气管线等设施的施工。

8. 在规定的安全区域内实施爆破作业，在线路隐蔽工程（含通信、信号、电力电缆径路）上作业，影响路基稳定的各种施工。

9. 在信号、联锁、闭塞、CTC/TDCS、列控等行车设备上的大中修、改造施工。

10. 影响营业线正常运营的铁路重要信息系统运行环境改造、软硬件平台更新、应用软件变更等施工。

11. 设置在线路上的安全检测、监控设备的新建、技术改造、大中修及TPDS设备标定施工。

12. 承载行车通信业务的通信网络调整施工和中断行车通信业务的通信设备施工。本办法中行车通信业务是指列车调度语音通信、无线调度命令信息、无线车次号校核信息以及列控数据等与列车运行相关的信息传送业务和承载列车控制、CTC/TDCS、信号闭塞、5T、牵引供电远动、防灾监控等系统的网络通道。

13. 线路大中修。

14. 路基、桥隧涵大修。

15. 大型养路机械施工。

16. 成段破底清筛、更换钢轨或轨枕。

17. 成组更换道岔（含钢轨伸缩调节器）。
18. 更换轨枕板施工。

19. 无缝线路应力放散。

20.牵引供电变配电设备、电力、接触网技术改造及大修施工。

21. 车站站台、雨棚、天桥等建筑物及客运上水和吸污设备、站场供水设施技术改造及大中修施工。

22. 高速铁路线路、路基、桥隧涵病害整治，冻害整治，更换轨枕（板）及道岔主要部件等施工。

23. 高速铁路整锚段更换接触线、承力索，更换接触网支柱，隧道内接触网预埋件整治等施工。

24. 其他影响营业线设备稳定、使用和行车安全的施工。

1.2 维修项目

维修项目是指作业开始前不需限速，结束后须达到正常放行列车条件，并且在维修天窗时间内能完成的项目。高速铁路和普速铁路维修天窗作业项目有所不同。

2　铁路营业线施工防护

2 铁路营业线施工防护

施工安全防护工作是确保营业线行车安全和施工安全的重要手段。施工防护工作的好坏，直接关系到营业线的行车安全和作业人员人身安全。在行车线上或紧靠营业线施工，为了确保行车和施工安全，必须按规定设置安全防护。未设好防护，不得进行施工作业。

2.1 防护员的基本条件与职责

防护员按各自分工负责的范围，分为驻站联络员、工地电话防护员、施工工地防护员和中间防护联络员（工地电话防护员与工地施工负责人之间传递信号的防护员）四种。

应加强对施工防护员的政治思想教育和业务知识培训，严格掌握任用标准，并做好安全防护演练。

2.1.1 防护员的基本条件

（1）防护员必须由铁路正式职工、年满18周岁、思想品德好、组织纪律性强、身体健康、视力和听力良好、说话吐字清楚、能作正确记录的人员担任。

（2）防护员必须具有高度的事业心和工作责任感，应具备担任防护工作的基本知识和技能，熟悉铁路行车有关规章制度和施工作业情况。

（3）防护员必须经过铁路运输部门、建设管理部门或工程项目部、工程公司一级的安全管理部门进行有关规章业务、本职工作基本技能和技术安全规则培训考试合格，并取得上岗作业合格证书方可上岗作业。禁止指派未经过安全业务培训、未取得上岗合格证的职工担任安全防护工作。

（4）施工安全防护员由项目部或施工队领导依照有关基本条件批准的职工担任。一经派定后不得任意调换。

2.1.2 防护员与驻站联络员的工作职责

（1）工地防护员的职责

①工地防护员在收到驻站联络员发出的列车预报、确报后，要立即通知作业负责人，同时应加强警戒，监视来车。

②在任何情况下，如施工地点的停车防护信号尚未撤除或待避工作尚未做好而列车临近时，防护员应立即向列车显示停车手信号，使列车停车。

③防护用通信设备必须妥善保管，经常检查试用，保证在使用时性能良好。

④与驻站联络员通话时，必须严格执行复诵制度，防止错听，并及时记录通话内容。

（2）驻站联络员的职责

①负责办理施工要点登记手续。

②及时了解车站值班员办理区间闭塞或接到邻站发车及办理本站发车前、开车后等手续以及临时变更情况，确认后，立即向工地防护员发出预报、确报或变更通知。

③驻站联络员必须监守岗位，如因事暂时离开时应向施工负责人请假，此时，施工人员、机具必须暂时下道。

④防护用的通信设备必须妥善保管，经常检查试用，保证在使用时性能良好。

驻站联络员的职责

⑤与工地防护员通话时，必须严格执行复诵制度，防止错听，并及时记录通话内容。

信号机

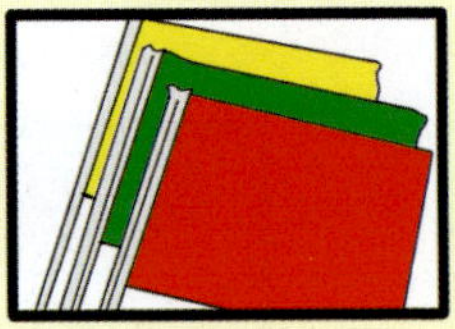
信号旗

手持信号灯

停车信号牌（白天）

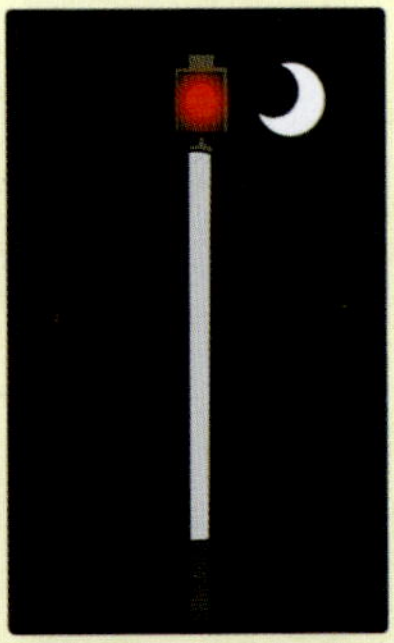
停车信号灯
（夜间或视线不良）

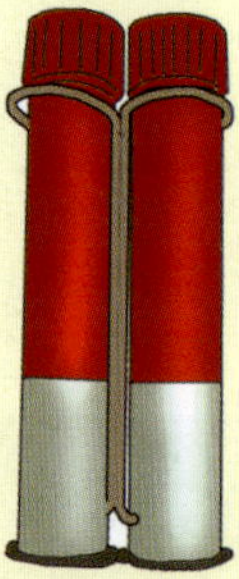
火炬

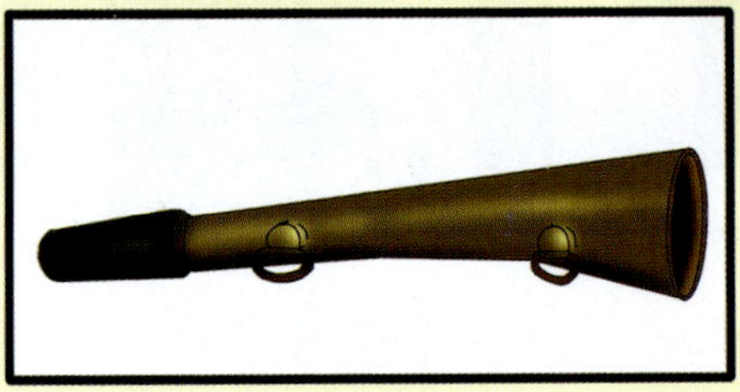
号角

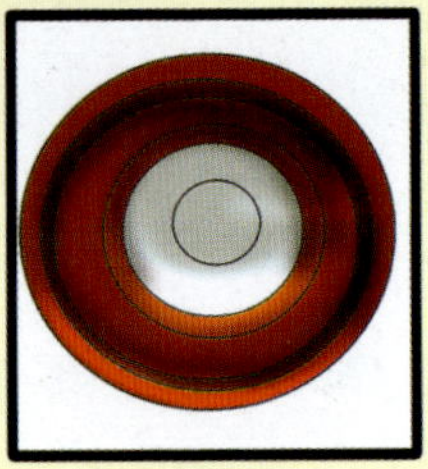
响墩

2.2 主要防护信号及防护方法

防护信号：铁路信号是指示列车运行及调车工作的命令。铁路信号分为视觉信号和听觉信号两大类。如信号机、信号旗、信号灯、信号牌及火炬等显示的信号都属于视觉信号。号角、口笛、响墩、机车及轨道车的鸣笛等发出的信号都属于听觉信号。

作业标

停车信号牌
（白天）

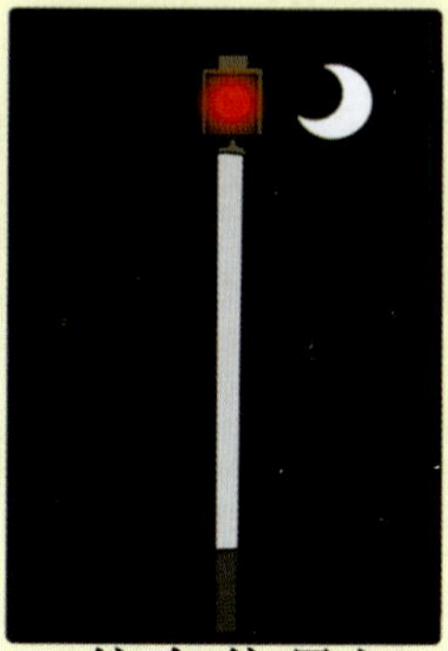

停车信号灯
（夜间或视线不良）

减速地点标

减速信号牌

行车线上施工或线路故障采用移动信号防护。移动信号可采取随时设置或撤出的移动式信号牌。具体有：作业标、减速信号牌、减速地点标、减速防护地段终端信号牌、停车信号牌等。

2.3 防护员工作制度及要求

2.3.1 工地防护员要求

（1）上岗前按照规定带齐防护信号和通讯设备、备品，确保使用性能良好。

（2）作业中集中思想，认真瞭望，坚守岗位，密切注意工地作业和列车运行情况。

（3）在要求列车慢行的处所，列车接近时，站在来车一端的左侧路肩上，展开黄色信号旗，立岗接车，显示慢行信号。发现来车超过规定的慢行速度时，及时用对讲机呼唤或用展开的黄色信号旗急速上下摇动，要求列车减速到规定的限制速度。

（4）认真注意观察检查线路的变化情况。对顶进桥涵施工、路基坍塌、线路扣轨架空作业等重点危险地段，要做到一列一检查。发现危及列车安全时，要及时设置停车信号防护，并通知有关部门迅速进行处理。

（5）认真记录列车通过慢行处所的速度，如发现超速现象，应及时向有关部门报告。

（6）按规定设置停车或慢行防护信号。封锁施工终了时，按施工负责人的命令，及时撤除停车防护信号。

2.3.2 驻站联络员要求

（1）上班前点名时，必须认真听取队长布置的安全生产注意事项、生产任务、作业地点、作业内容、人员分工情况等。

（2）带齐应带的信号用品，并认真检查信号用品是否良好，不良者立即修复或更换。

（3）在开始防护前，负责核对钟表，做到车站运转室、驻站联络员、工地电话防护员三者时间一致。不得随意离开运转室（信号楼）。

（4）经常与车站值班员联系，熟悉并注意车站控制台的信号显示，了解列车3h运行计划，准确掌握列车运行情况，并及时告诉工地电话员，由工地电话防护员转告工地负责人，以便安排工作计划，掌握收工时间。

（5）为了确保行车及施工安全，利用列车间隔施工时，必须执行预报、确报制度。

（6）为了防止电话听错，必须执行复诵制度。

（7）办理封锁施工时，在施工前按规定向车站值班员提出申请办理封锁施工手续，及时准确地向工地电话防护员传达调度命令内容。临近施工终止时间，提前询问施工负责人能否按时开通。如果需延长施工时间或限速运行，必须提前通知车站值班员办理手续。

封锁施工完毕，根据施工负责人或工地电话防护员的汇报，向车站值班员办理线路开通手续。

2.3.3 作业防护及有关要求

在旅客列车或快速旅客列车通过的曲线地段设置防护时，若瞭望距离不足800m或1200m，必须增设中间防护员。

在线路上人力推运各种轻型车辆，应派防护员在车辆前后800m处显示停车信号，随车移动，如瞭望条件不良应增设中间防护员。

在区间施工，除按上述各项办法防护外，还应在车站与施工地点分别设专职联络人员和防护人员，用电话联系。

在营业线施工，应配备经培训考试合格者担任驻站联络员和工地防护人员，每一施工点工地防护人员不可少于3人。

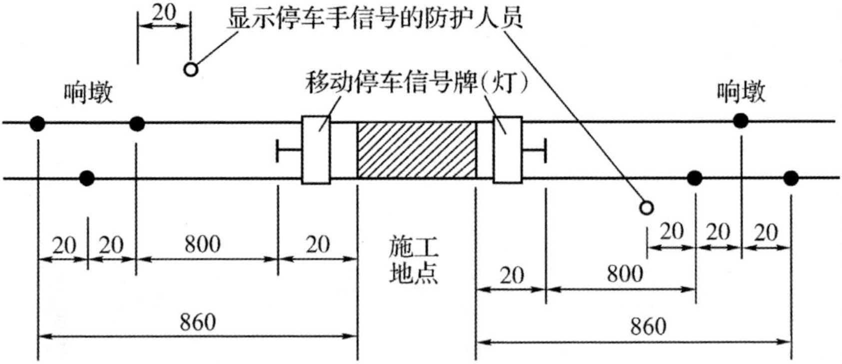

凡妨碍行车的施工及故障地点的线路，均应设置防护。防护人员由指定的、经过考试合格的铁路职工担任。施工地点与防护人员瞭望条件不良又无电话联系时，应设中间防护员。

驻站联络员每次发出预报、确报或变更通知，工地防护员应复诵一遍，以确认无误，并在各自记录本内记载时间、车次、姓名和联系事项以备查。施工防护人员应站在距施工地点的第一个响墩内20m附近瞭望条件较好的地点，显示停车手信号。在尽头线上施工，施工领导人经与车站值班员联系确认尽头一端无列车、动车时，则尽头一端可不设防护。

具体设置办法以现行《铁路工务安全规则》的有关规定为准。例如单线区间线路施工的防护设置采用上图所示的办法。注：①图中单位为m。②防护距离（自施工地点至最外方第一个响墩间）通常为A（800m）+60m，在规定利用动能闯坡的区间施工，其防护距离不得小于1100m。

在不需要以停车信号或移动减速信号防护的区间线路上作业，应在施工地点两端500～1000m处列车运行方向左侧（双线在线路外侧）的路肩上设置作业标。

跨越线路时：
（3）严禁在道心或枕木上行走；

跨越线路时：
（4）严禁扒乘机车车辆以车代步。

在铁路营业线从事作业的所有人员，必须认真落实下列劳动安全控制措施：

7. 上道检修人员应配备自动报警或通讯联络工具，在设有来车报警设备的区段作业时，应按规定使用报警设备。接到来车通知后，必须停止作业，迅速撤离到安全地带待避车辆。

8. 电气化区段作业人员除落实上述措施外，还应严格执行《电气化铁路有关人员电气安全规则》。

3.2 具体控制措施

1.线路施工、维修作业要设好安全防护。防护人员须携带列车无线调度电话，无列车无线调度电话时，须设驻站联络员。驻站联络员与现场防护员要采用有效通讯手段加强联络，准确掌握列车运行情况，及时通知下道避车。禁止利用特快旅客列车的运行间隔进行施工，禁止在大风、雨、雾、雪等恶劣天气条件下上道养护作业。

2. 特快旅客列车到达施工地点前10min，必须停止影响列车安全运行的一切施工，且人员、机具设备等均应撤离至安全地带，物料堆码牢固，保证作业人员和列车安全通过。遇有特殊情况，需对运行的特快列车设置响墩进行防护时，必须根据列车运行速度确定安全防护距离。

3. 防护人员必须携带齐安全防护用品，认真履行职责，集中精力，站在便于瞭望的地点认真防护，及时联系和掌握列车运行情况及列车在作业区段的运行时刻，及时通知作业人员下道避车，不得做与防护无关的其他任何事情。

9. 在区间步行上下班时，应在路肩或路旁行走。在双线区间，应面对列车方向，通过桥梁、道口或横越线路时，应做到“一站、二看、三通过”，严禁来车时抢越。在站内必须走行道心时，应在其前后设专人防护。进路信号辨认不清时，应及时下道避车，不得臆测行车。

10. 在区间作业来车时，必须按以下规定距离下道避车：

（1）特快旅客列车到达施工地点前10min，必须停止影响列车安全运行的施工，且人员、设备等应撤至距钢轨外侧2m以外，施工机械、物料堆码必须放置牢固。不得利用特快列车与前行列车的间隔进行施工。

（2）在规定利用动能闯坡的区间施工，列车运行速度在120km/h及其以下线路，其防护距离自施工地点最外方第一个响墩间不得少于1100m。

卸料时，卸车负责人应严格掌握卸车位置，在下列地点禁止卸车：

（7）区间线路的道床有积雪覆盖超过轨面处所；

（8）线路两侧有大量堆积物地段；

卸料时，卸车负责人应严格掌握卸车位置，在下列地点禁止卸车：

（9）双线区间，两线不在同一平面时，向高处一线卸料有可能侵入低线限界的地段；

（10）邻线来车时，靠邻线的一侧。

4.2 卸料与堆放安全要点

1. 应指派两名胜任人员担任区间卸车的指挥工作（其中1人为卸车负责人）。每两个车（夜间卸车及白天卸片石为每个车）指定一名路工担任组长，具体负责检查本车的工具、照明和卸车、清道、开关车门及车内余料整理等工作。

2. 卸车过程中，确实需要移动列车时，卸车领导人应先检查卸料情况，确认路料不侵限，堆放稳固，车内余料不偏载，列车无脱线时，才能告知运转车长或向运转车长显示动车手信号。

3. 笨重材料（如条石、片石、钢轨、混凝土轨枕、接触网支柱等）禁止边走边卸，禁止偏卸造成偏载。每次卸车后，开车前都要认真检查，确认车门关好、材料堆放稳固、不侵入限界，方可通知车长发车。

4. 列车通过时，不得在靠营业线一侧开关车门，靠营业线一侧的车门无论在打开或关闭状态，均须牢靠固定，不得侵限影响营业线行车安全。

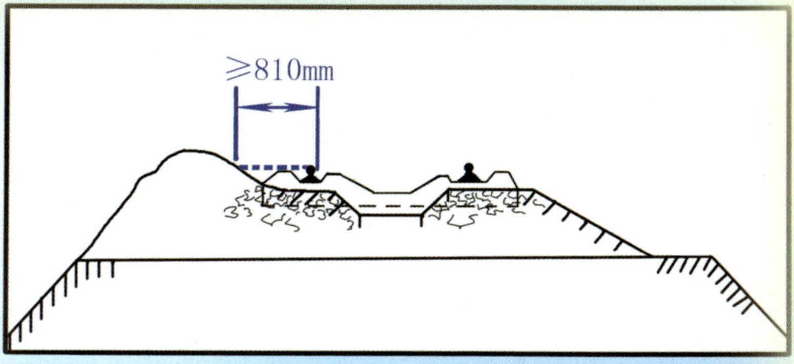

5. 靠近线路堆放材料、机具等，不得侵入建筑接近限界。卸车后，施工负责人应组织人员全面检查堆放情况，应堆放稳固并符合下列要求：

（1）线路两侧卸下的石砟、片石、河砂等路料，距钢轨头部内侧810mm范围内不得超过钢轨顶面。

6. 在等高线路旁用其他运输工具卸料时，必须设限界桩绳，卸料两端按规定设防护员，严禁无证驾驶、无牌照车辆和性能不好的车辆进入区间卸料。

7. 卸车完毕，卸车负责人要认真检查车内余料不偏载，并按规定清道完毕后方准动车。当卸车地段较长，卸下的砂石较多，特别是卸片石时，用料单位应留下适当人员在列车开走后再复查限界，按规定彻底清道，堆码稳固。

17. 装卸长轨，必须统一指挥，动作协调，钢丝绳与挂钩固定器等要联结牢固，任何人不能站在移动前方和钢丝绳附近。装车时轨端要平齐，伸出承轨横梁0.5～1m。未装好加固、锁定设备，不准行车。卸轨时撬棍不得插于长轨移动方向的横梁后面，前一根长轨通过本车后，才能拔动后一根长轨就位。严禁在悬空的长轨下作业，并注意长轨尾端落下摆动时伤人。

18. 在电气化线路上装卸车时，人员、工具距离接触网带电体不得少于2m；不足2m时，必须停电后，方准装卸。

施工应考虑下列主要危险源、危害因素：

（4）施工前未进行地下管线（电缆、光缆、煤气管、暖气管、自来水管、排污管）等的探测。

施工应考虑下列主要危险源、危害因素：
（5）上道作业时无专人防护。

施工应考虑下列主要危险源、危害因素：

（6）上道作业，来车时不按规定下道避车。

（7）防护员、驻站联络员违反工作制度。

施工应考虑下列主要危险源、危害因素：

（8）机械设备、材料等侵入限界。

（9）在电气化区段施工时未按规定停电作业。

施工应考虑下列主要危险源、危害因素：

（10）在自动闭塞区段施工时工具、设备未采取绝缘措施。

施工应考虑下列主要危险源、危害因素：

（11）对无缝线路加固时未进行应力放散。

5.2　一般安全要求

机具设备、施工中搭设的脚手架、堆放的工程材料等，严禁侵入施工临时限界。

驻站联络员及工地防护员必须经过铁路施工安全培训，考试合格后持证上岗。

在设备管理单位监护人员监护下，对管线进行探测，挖探沟确定其准确位置。

地下管线探挖不得使用机械，对已暴露的管线必须采取保护措施。

凡涉及到营业线施工必须按规定设置防护。驻站联络员与工地防护员必须严格执行“呼唤、应答”和“预报、确报、复诵”制度。

所有施工人员上道作业，必须按规定着装，及时按规定下道避车。应加强对机具设备和物资材料的管理，不得侵限，并应设专人看守。

安全保护区内的施工应纳入营业线施工管理，机械设备必须设专人监护，防止侵限。安全保护区内打桩机、旋挖钻、吊机等高大机械设备必须采取防倾覆措施。

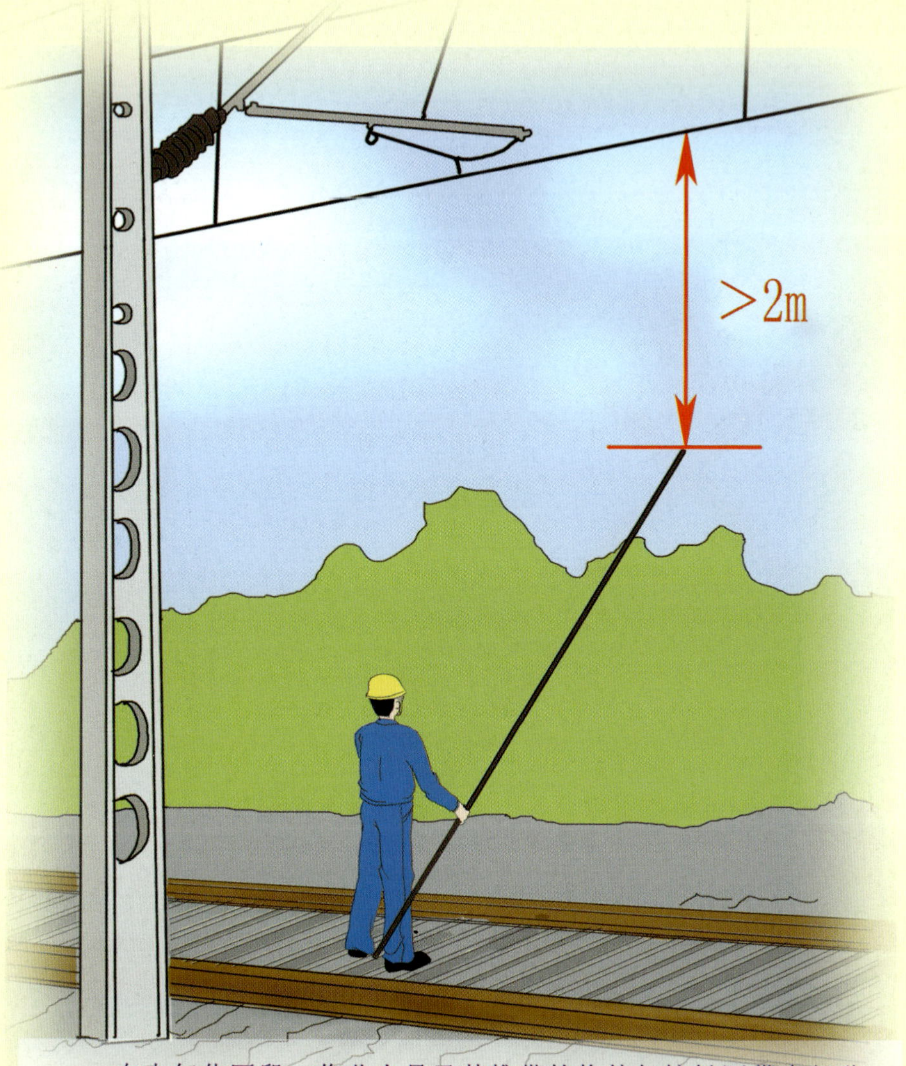

在电气化区段，作业人员及其携带的物件与接触网带电部分的距离必须保持在2m以上，不足2m时，应在接触网停电后作业。在距接触网带电部分2～4m的范围内施工时，接触网可不停电，但须有设备管理单位的有关人员在场监护。在接触网支柱及接触网带电部分5m范围以内的金属结构上均须装设接地线。

营业线桥涵施工

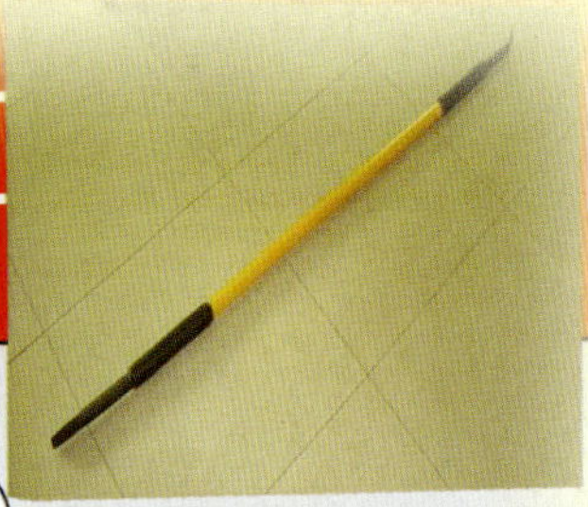

在自动闭塞区段施工时，应保持轨道线路绝缘良好。工具、设备应采取绝缘措施，防止轨道电路短路，出现红光带。

当对无缝线路加固时，必须进行应力放散。

在设有防护网区段施工，如需临时拆除防护栅栏，必须设专人24小时看守，闲杂人员不得进入防护栅栏内。

线路封锁施工应符合下列规定：

1. 按批准的线路加固方案做好各项准备工作，确认信号设备、机具、材料齐全完好，防护设施和人员到位。严格按批准的施工项目施工，严禁超前准备和超范围施工。

2. 严格落实要点登记手续，行车调度发布命令后方可施工。

线路封锁施工应符合下列规定：

3. 开通前，应进行安全质量检查，确认线路设备状态达到开通条件，及时办理销点手续。

4. 开通后，应安排专人巡查整修线路，保持线路处于良好状态。

钻（挖）孔桩基础施工应考虑列车振动影响，加强防坍孔措施。泥浆池应远离路基坡脚，避免泥浆浸泡路基。

脚手架、支架应符合安全规定，靠近铁路一侧不得侵限，且必须设置围护设施。

吊装、拆除墩台模板时，不得侵限。严禁在营业线轨道或桥梁上拴系牵引绳索。

架梁时，所选方案不应影响营业线行车。

5.4　营业线改建桥涵施工安全

新建墩台应符合下列规定：

1. 施工时，应对既有墩台采取防护措施，不得影响既有墩台的安全。

2. 旧桥墩采用爆破拆除时，应制定安全措施；人工凿除混凝土时，施工人员必须戴护目镜。

3. 切割拆除旧桥墩时，应搭设脚手板，并采取围挡措施。

4. 采用便梁加固线路时，临时支墩应安全可靠。施工过程中，应加强对便梁支墩的防护。

桥墩台顶帽加高或落低时，应符合下列规定：

（1）在作业处搭设脚手平台，安装栏杆和上下梯子。

（2）顶梁时严禁两端同时施顶；同一端使用的两个千斤顶，其规格、型号、起落速度应一致，保持梁体平衡；千斤顶使用前应经过检验；每次升降顶程不得超过10cm。

（3）顶梁时应设置垫木等保险装置，随顶随支；用木楔支垫时，不得使桥梁受力不均。

桥梁横移时，滑道应按设计布置，桥梁两端采用相同型号的动力设备，同步滑移，协调一致。

换梁后，应及时恢复线路，确保行车安全。

小桥涵改建成框架桥应符合下列规定：

（1）框架桥应采用顶进施工，对梁体采取便于拉出的支顶方案，边顶边拆，确保加固线路的安全稳定性。

（2）既有桥涵混凝土应采用机械破碎、静态爆破或控制微裂爆破拆除。

5.5 增建二线接长涵洞施工安全

排水涵接长施工，应有防洪涝应急措施。交通涵接长施工，应联系交通部门采取疏导交通措施。设置夜间交通防护设施。

营业线涵洞接长施工，一定要确定施工领导人带班，并同时配备责任心强、业务熟悉、并经考试合格的铁路职工担任防护员，方可上道作业。

营业线涵洞接长施工需要拆除既有涵洞的翼墙及其他附属结构，而拆除部分往往处于路基边坡处，对路基边坡稳定有重大影响。

涵洞拆除高度在2m以下的，可采用简易的防护措施进行施工，如打设防护桩（木桩，必要时拉拔桩体稳固）、土袋防护来加固拆除。涵洞拆除高度在2m以上的，可采用钢板桩防护。

作业前，施工负责人应认真做好技术交底、备齐防护用品机具材料、办好封锁慢行手续，确认设好防护才能开工。作业完毕，要认真进行检查，当线路设备状态确认已达到放行列车条件，材料机具无侵限后方可撤除防护，开通线路。

6 铁路营业线路基施工安全

6.1　危险源与危害因素

营业线路基施工应考虑下列主要危险源、危害因素：

1. 地下、地上管线及行车设备未做好防护；
2. 材料堆码不当；

营业线路基施工应考虑下列主要危险源、危害因素：
3. 临时工程不当；未按规定设置道口或道口管理失当；

营业线路基施工应考虑下列主要危险源、危害因素：
4. 违规机械作业；

营业线路基施工应考虑下列主要危险源、危害因素：
5. 违规爆破作业；
6. 慢行施工、封锁施工措施不当或车速超过规定。

6.2 一般安全要求

设备迁改或施工影响设备安全时，必须在设备管理单位的监护下作业。

施工中的临时设施、材料、机具等严禁侵入临时行车限界。材料应堆码整齐，稳固牢靠，并派人看守。

营业线20m范围内严禁存放油料及其他易燃易爆品。

影响营业线行车的路基爆破作业必须在线路封锁时间内进行，应采用控制爆破技术，并设防护网、排架或棚架等防护。

爆破后必须立即清理限界内的土、石，抢修线路。

邻近营业线的爆破施工安全的详细内容参见本系列丛书中的《图解邻近铁路营业线施工安全》。

营业线路基施工中破坏原有排水系统时应先建后断，所有的排水系统必须保持排水畅通，防止渗漏。

夜间施工应有足够的照明及防护设施，照明灯光不应影响行车瞭望。机械车辆在夜间作业时，应防止灯光干扰行车信号。

6.3 路堤加宽施工安全

拆除既有路堤防护设施时还应符合下列规定：

1. 拆除植被防护坡面时，应随挖台阶高度挖除植被，不得全坡面一次挖除。当班开挖应当班回填，保持边坡稳定。

2. 拆除片石护坡、拱架防护坡面时，应随填筑进度自下而上拆除。拆除原路基边坡防护应与填筑同步进行。

6.3 路堤加宽施工安全

路堤帮宽还应符合下列规定：

1. 应随时监测营业线路基稳定情况，防止既有路基失稳。

2. 挖除路肩影响道床稳定时，应设置挡砟墙、挡板等防护设施，防止道床边坡溜塌。

路堤帮宽还应符合下列规定：

3. 弃土不得阻塞河道和营业线路基排水设施，并应符合国家环保规定。

营业线路基翻浆冒泥、冻害整治挖除换填时，应封锁线路。

开挖影响既有路基稳定时，应采取支撑措施，并随开挖、随填筑。

7 铁路营业线轨道施工安全

7.1　危险源与危害因素

营业线轨道施工应考虑下列主要危险源、危害因素：

1. 未按规定设置施工防护。

2. 未确认施工命令、误判、臆测给点。

3. 施工前未经设备管理单位同意，擅自拆除轨道信号连线或轨道电路连线；电气化区段未设置轨道回流线。

营业线轨道施工应考虑下列主要危险源、危害因素：

4. 施工准备时超范围作业；向营业线路内安放滑轨、预铺新设备或设备不平稳、垮塌侵入行车限界。

营业线轨道施工应考虑下列主要危险源、危害因素：
5. 工机具放置侵限；双线路段未设置安全红线或隔离措施。

营业线轨道施工应考虑下列主要危险源、危害因素：

6. 施工作业没有统一指挥、现场组织混乱；工机具随手乱掷侵入邻线限界；拆除的钢轨、轨枕及其他材料侵入邻线限界。

营业线轨道施工应考虑下列主要危险源、危害因素：

7. 无缝线路区段超出锁定允许温度范围松动或拆卸扣件、扒挖道床、钢轨切口等作业。

8. 作业人员在行车线上行走、坐卧休息等。

营业线轨道施工应考虑下列主要危险源、危害因素：

9.线路开通未按规定进行三方检查确认，盲目登记销点；线路设备未进行及时交接造成养护工作不到位或养护工作中断等。

7.2　一般安全要求

营业线施工应按现行《铁路技术管理规程》和《铁路工务安全规则》设置施工安全防护，未设置好防护不应进行施工作业。

双线或站线施工作业，除按规定设置施工防护外，还应在两线间加设安全红线（或隔离措施），防止作业人员、施工机具侵入邻线限界。

营业线区间卸车应符合下列规定：

1. 区间卸车时，严禁机车与车辆摘钩。卸砟时车速不大于5km/h；装运其他材料车不应边走边卸。

2. 双线区间卸车不应侵入邻线限界。邻线来车时，应停止向邻线一侧卸车。严禁打开两线间的车门。当卸车线高于邻线时，严禁向两线间卸轨枕等滚动重材。

营业线施工材料存放除应符合《铁路工程基本作业施工安全技术规程》有关规定外，还应符合下列规定：

1. 施工中使用的钢轨、轨枕、扣配件、道砟、道岔等轨料严禁侵入铁路行车限界，应放置平稳，必要时应采取加固措施。

2. 拆卸的旧轨料应及时清理出铁路行车限界，按指定地点堆码稳固。

营业线施工严禁联电，并应符合下列规定：

1. 在轨道电路区段和绝缘接头附近作业时，不应使用没有绝缘装置或绝缘装置不良的金属机具。

营业线施工严禁联电，并应符合下列规定：
2. 抬运钢轨、辙叉等金属物体，不应担在两股钢轨上。

营业线施工严禁联电，并应符合下列规定：

3. 在钢桥上施工，不应把联结钢梁杆件的金属线绑在螺栓或道钉上。

4. 在线路、桥梁上作业，应防止碰断、损坏电务送变电线和电缆。

营业线施工严禁联电，并应符合下列规定：

5.防止扣轨梁联电，道口钢筋混凝土板钢筋头联电，轨端有飞边突尖联电，单轨车、接固架等机具的走行轮通过绝缘接头时联电，道岔配件脱落联电，散置在线路上的钢轨、道岔等金属物受振动移动联电等。

7.3 改建营业线施工安全

营业线改建、拆铺线路、道岔、轨道过渡工程以及临时道岔、便线施工作业应符合下列规定：

1. 营业线改建、拆铺线路和道岔、轨道过渡工程以及临时道岔、便线施工前，应做好人员、机具、设备等准备工作，并保证机具设备性能良好。

2. 根据报批的改建、拆铺以及临时设施施工计划，做好书面安全技术交底工作，交底要详尽。

3. 营业线拆铺线路和道岔，应在封锁线路的条件下进行。

营业线改建、拆铺线路、道岔、轨道过渡工程以及临时道岔、便线施工作业应符合下列规定：

4. 封锁命令下达前不应进行施工相关作业，施工命令下达后，施工负责人要确认施工命令内容，防止误判、臆测给点。

5. 施工准备应注意：不应超范围作业；向营业线路内安放滑轨、预铺新设备或搭设滑移平台时，要防止滑轨、设备或平台垮塌侵入行车限界。

营业线改建、拆铺线路、道岔、轨道过渡工程以及临时道岔、便线施工作业应符合下列规定：

6. 施工准备还应注意：工机具放置有序、稳固，防止侵限；双线区间施工必须设置安全红线或隔离措施；无缝线路区段不应在超出允许轨温范围以外进行松动或拆卸扣件、扒挖道床、钢轨切口等有碍行车安全的作业。

营业线改建、拆铺线路、道岔、轨道过渡工程以及临时道岔、便线施工作业应符合下列规定：

7. 在自动闭塞区段拆铺线路和道岔，作业涉及道岔联锁、轨道电路、通讯信号等设施时，施工命令下达后，由设备管理单位拆除施工区段影响作业和信联闭的轨道电路设施，作业人员不应随意剪断计划拆除设备任何部位的轨道电路，只需做相关拆铺工作。

营业线改建、拆铺线路、道岔、轨道过渡工程以及临时道岔、便线施工作业应符合下列规定：

8. 电气化区段施工时，施工前应加设轨道回流线，施工中要防范调网作业工具、材料坠落伤人。

9. 施工作业时，必须统一指挥，严密组织，严格控制施工范围，不应超出施工命令规定的范围，所用工机具不应随手乱掷。

营业线改建、拆铺线路、道岔、轨道过渡工程以及临时道岔、便线施工作业应符合下列规定：

10. 施工作业完成，应按规定进行检查，确认达到放行列车条件后，方可登记销点开通线路。开通前应将施工机具、新旧路料分类清理到限界以外并堆码整齐。

营业线换铺无缝线路应符合下列规定：

1. 无缝线路换铺作业必须在封锁线路的条件下进行。

2. 换下的旧轨应及时回收，存放在线路附近的要清理出限界，摆放牢固。

营业线改建、拆铺线路、道岔、轨道过渡工程以及临时道岔、便线施工作业应符合下列规定：

3. 待换的长轨必须采取加固措施，防止在跨越信号机两端处侵线联电。

4. 铺设时应按设计轨温锁定，如不符合设计要求，必须重新进行应力放散。

5. 对焊接接头应及时进行探伤检查，发现问题及时处理。

线路拨移应符合下列规定：

1. 线路拨移前应设置拨移控制桩，标明拨移量，避免盲目拨移线路。

2. 拨移准备工作必须符合列车放行条件，严禁超挖、超前和超范围准备。

3. 无缝线路区段，应提前进行应力放散。未放散区段，超出锁定轨温允许作业范围严禁挖开道床。

4. 采用滑轨拨移线路作业时，未封锁线路前，严禁向线路内穿放滑轨。

线路拨移应符合下列规定：

5. 曲线地段（改移路基的软硬密实度不均），线路就位后应使用机械捣固、稳定。

站场改造应符合下列规定：

1. 站场股道升级、换铺道岔应在封闭条件下进行，并按规定设置好防护。

2. 预铺轨排或道岔的场地应平整，拼装好的轨排或道岔以及其他材料不应侵入行车限界。

3. 采用平台滑移轨排或道岔时，预铺的平台应稳固可靠，平台和预铺好的设备不应侵入行车限界，并采取失稳加固措施。

站场改造应符合下列规定：

4. 轨排或道岔预铺完成后，要及时做静态验收，各部位几何尺寸满足设计要求。

5. 拆除的旧轨道设备材料如：钢轨、轨枕、岔轨、岔枕、连接配件等应放置稳固有序，严禁掩压、碰撞行车设备，确保邻线行车安全。

站场改造应符合下列规定：

6. 在行车密度较大，线间不足6.5m、行车速度大于160km/h及以下线路作业，应请求办理邻线限速慢行，并按规定设置安全防护和隔离措施。

7. 轨道升级、换铺道岔施工中破底清筛道床或使用大型机械设备配合施工时，邻线来车时应停止施工，设备不应侵入行车限界。

站场改造应符合下列规定：

8. 施工准备和施工作业时，严格按照批准的施工范围进行施工，严禁超范围准备、超范围施工。

9. 须跨线滑移预铺轨节、道岔作业，必须请求封闭所跨邻线进行施工，封闭邻线的时间，按调度命令规定的时间实施，正点开通，不应延误。

线路整道和维修应符合下列规定：

1. 线路整道、维修工作应在维修“天窗”点内进行。

2. 桥上作业，列车通过前，施工人员应有秩序地撤到桥外或避车台上，所用工具不应堆放在轨道限界内。

7　铁路营业线轨道施工安全

线路整道和维修应符合下列规定：

3. 在双线区间作业，当邻线来车时，必须停止作业，下道避车，严禁站在两线间或跨越邻线避车。

4. 电气化区段线路维修作业时，应按现行《电气安全规则》有关规定执行。

5. 维修作业收工时，机具应停放在限界以外，覆盖机具的蓬布必须捆扎牢固，防止刮风吹散侵入限界。

线路整道和维修应符合下列规定：

6. 在营业线上使用的起道机必须具有速降装置，严禁使用齿条式起道机进行养护维修作业。

7. 线路维修作业涉及道岔联锁、轨道电路、通讯信号等设施时，应有设备单位人员配合。

8. 线路整道应符合下列规定：

（1）经整道的线路应及时补充道砟。

（2）在已卸道砟上不应再卸其他轨料，应将轨料卸在限界以外，并堆放稳固。

（3）线路经过整道后应逐步恢复常速。

（4）线路上砟整道地段与相邻地段衔接处，应有不小于200倍高差的顺坡长度。

9.线路维修应符合下列规定：

（1）线路维修起拨道地段，要有足够的道砟，一次起道量不得超过40mm。

（2）起拨道后的线路要及时找平小坑，消除三角坑以及高低超限，并及时捣固，做到一撬一清。

（3）线路维修作业时，应加强对钢轨、轨枕、接头、配件进行探伤和失效报废检查，标明符号，及时更换，轨道材料失效报废标准执行铁道部现行《铁路线路修理规则》规定。

无缝线路维修作业应符合下列规定：

1. 无缝线路起拨道作业，应按规定的作业温度条件执行。

2. 起道前必须拧紧全部扣件(或打紧浮起道钉)，拨正线路方向，防止作业时线路产生纵、横向移动。当线路方向发生显著不良时，应立即停止作业，迅速浇水降温，然后进行拨道等，必要时可限速通车。

无缝线路维修作业应符合下列规定：

3. 起、拨道时，不应将起、拨道机具放置在焊缝处。

4. 伸缩区防爬器成段失效时，应在实际锁定轨温±5℃范围内进行整修。

机养作业应符合下列规定：

1. 在双线的一侧线路作业时严禁侵限，并在两端设置防护。

2. 清筛机械车组在作业中应随时注意防爬观测桩、曲线桩、信号及其附属设备等障碍物。

机养作业应符合下列规定：

3. 捣固机械车组在混凝土桥面作业前，必须事先拆除影响捣固的护轨。

机养作业应符合下列规定：

4. 捣固机械车组在混凝土桥面作业前，还应测定轨枕底的道砟厚度，厚度不足150mm时，不应进行捣固。

机养作业应符合下列规定：

5. 曲线上外股超高设置较大时，捣固机械车组应分次作业，每次起道超高增加值不得大于30mm，以防作业车掉道。

机养作业应符合下列规定：

6. 捣固作业结束前，应按不大于2‰的坡度顺坡，一般不在圆曲线上顺坡。严禁在缓和曲线上顺坡结束作业。

机养作业应符合下列规定：

7. 配砟整形机械车在电气化区段作业，接近接触网支柱时，应停车收回侧犁，通过后再作业；当道心内有障碍物时，应及时停车提起中心犁。

机养作业应符合下列规定：

8. 配砟车在线间距不足4.2m的双线区段作业时，禁止使用邻线侧的侧犁。

机养作业应符合下列规定：

9.每层道床起道、捣固作业后，应进行1～2次动力稳定作业，稳定车在路基上工作速度一般为0.6～0.9km/h，由下层至上层速度逐层降低。

机养作业应符合下列规定：

10. 从路基向桥上进行动力稳定时，应在上桥前30m范围内把加载值逐渐降低50%，并在下桥后30m范围内再把加载值逐渐提高到原来的数值。隧道中采用在桥上同样的方法处理。

机养作业应符合下列规定：

11. 各机械车在封锁区间独自作业时，续行间隔不少于300m，严格控制运行速度不大于40km/h，两机间应设专人防护，并做好随时停车准备，在区间停留时，应设置防溜设施。

12. 大型养路机械的驻站与作业地段的距离不应过长，一般不超过25km，通信设备保持良好。

13. 无缝线路区段机养作业应注意以下安全事项：

（1）安排无缝线路机养封锁施工的“天窗”，应避开高温时段。

（2）作业时，应派专人在施工地段测量轨温。在半径不小于800m的混凝土枕无缝线路地段，在实际锁定轨温增减10℃范围内允许作业；木枕无缝线路和半径小于800m的曲线地段，在实际锁定轨温增减5℃范围内允许作业。

无缝线路区段机养作业应注意以下安全事项：

（3）营业线上作业时，捣固车一次起道量不得超过50mm，起道量超过50mm时应分两次起道捣固；一次拨道量不得超过80mm。

（4）在高温季节作业时，作业中机组人员应监视线路状况，发现胀轨迹象应立即停止作业。

7.4 增建二线铺轨施工安全

7.4.1 铺轨设备上线

铺轨设备上线应符合下列条件：

1. 铺轨机设备技术状态必须始终保持良好，并经过营业线车站、车辆等相关部门检查合格后方准上线运行。

2. 铺轨机出车前，应对设备的走行、制动、油路、电路、起吊装置及车内备品、信号用具等进行全面检查，确认完好齐全后方准出车。

铺轨设备上线应符合下列条件：

3. 铺轨机应配备通信设施及灭火器材、防护信号用品。按机组配备起复设备及防溜设备，并经常保持完好，缺少或损坏时，应及时补充或恢复。

7.4.2 铺轨设备运行及作业

铺轨设备运行及作业安全应符合下列规定：

1. 铺轨设备和工具不应侵入限界。

铺轨设备运行及作业安全应符合下列规定：

2. 铺轨作业遇到线间距小于4m的情况，应采用线路偏铺的方式，不应影响营业线的正常行车。

铺轨设备运行及作业安全应符合下列规定：

3. 在已完成的新铺线路上，铺轨机自轮运转速度不得大于15km/h。

铺轨设备运行及作业安全应符合下列规定：

4. 在线路并行地段立倒装龙门架时，应利用施工“天窗”进行，严禁利用列车间隔时间进行作业。

5. 线间距小于5m地段，营业线来车时，应立即停止铺轨作业。

铺轨设备运行及作业安全应符合下列规定：
6. 铺轨施工作业过程中，严禁施工人员站在营业线上。

铺轨设备运行及作业安全应符合下列规定：

7. 在小曲线半径的内曲线和线间距小的地段，应采用拨移施工线路等措施，防止铺轨机械大臂侵入营业线限界。

铺轨设备运行及作业安全应符合下列规定：

8. 在小曲线半径的内曲线和线间距小的地段，无法采用拨移施工线路等措施来避免铺轨机械大臂侵入营业线限界时，要利用施工“天窗”点进退机，严禁盲目运行。

9. 确保营业线行车安全及铺轨机械进退机的安全运行，线路整修及起道作业过程中，应执行下列规定：

（1）设置施工防护后，方准进行作业。线路未达到放行铺轨机的条件，禁止撤出防护和放行铺轨机。

确保营业线行车安全及铺轨机械进退机的安全运行，线路整修及起道作业过程中，应执行下列规定：

（2）每次起道量不得大于50㎜，轨枕应在钢轨两侧450㎜范围内均匀捣固密实。

（3）线路上砟整道地段与相邻地段衔接处应以不大于2‰的坡度顺接。

确保营业线行车安全及铺轨机械进退机的安全运行，线路整修及起道作业过程中，应执行下列规定：

（4）轨道铺设完成后应立即进行重点整修。拨顺线路方向，消除反超高和三角坑，严禁在线间距4.2m及以内地段出现负偏差。

（5）及时养护新铺线路，缩小荒道的长度，确保铺轨机和施工列车的运行安全。

7.4.3 铺轨机械区间停放

铺轨机械区间停放应符合下列规定：

1. 区间停放铺轨设备地点应选择路基较低，线间距大于4.2m的直线地段，路基坚实稳定。

铺轨机械区间停放应符合下列规定：

2.铺轨设备必须停放在曲线上时，应停放在曲线半径大于800m的地段，且大臂应摆向邻线反方向，确保不侵入限界。

铺轨机械区间停放应符合下列规定：

3. 铺轨设备不得停放在桥上。

4. 司机室、操作室应收回，摆正大臂，靠邻线一侧无悬挂物。

铺轨机械区间停放应符合下列规定：

5. 做好防溜措施，打8只以上止轮器（下坡方向打6只，反方向打2只），楔紧木楔，将铺轨机械手制动扳到制动位置。

铺轨机械区间停放应符合下列规定：

6. 设专人看守防护铺轨机械，看守人员应配备通信和防护设备，确保通信畅通，防止意外事件发生。

7.4.4 线路拨接

线路拨接应符合下列规定：

1. 拨接施工前的准备工作不允许超前、超限，必须按施工放行列车条件的要求进行预备作业。

线路拨接应符合下列规定：

2. 在营业线钢轨外侧2m位置拉好限界桩绳后，方可进行拨接施工准备工作。

线路拨接应符合下列规定：
3. 拨接准备作业过程中遇来车时，作业人员应下道避车。

线路拨接应符合下列规定：

4. 对有可能影响轨道电路和信号的准备作业时，必须在设备管理单位人员的指导和配合下进行，不应随意拆除连接线及绝缘设施，对有可能连电的作业工点，必须加装绝缘保护，防止工具连电而影响行车信号。

线路拨接应符合下列规定：

5. 在拨接施工实施前，驻站联络员应根据批准的施工计划，向车站值班员办理登记要点申请封锁施工手续。

线路拨接应符合下列规定：

6. 施工负责人接到封锁施工命令后，必须确认施工起止时间，下达设置防护命令，按现行《铁路技术管理规程》、《铁路工务安全规则》的要求设置防护。施工负责人确认防护工作已就绪，方可下达开工命令。

线路拨接应符合下列规定：
7. 拨接施工作业过程中，应有专人统一指挥。

线路拨接应符合下列规定：
8. 线路开通放行列车应按规定限速运行。

线路拨接应符合下列规定：

9. 线路开通巡养期间须使用液压起拨道器，严禁使用齿条式起道机进行养护作业。

10. 线路开通巡养期间起道作业时，必须使用带绝缘的水平道尺。

7.5 机械设备的使用安全

换轨车作业时应注意作业安全，防止钢轨下落、入槽过程中压伤、挤伤手脚。

换轨作业牵引速度应小于5km/h。

使用收轨车收轨作业时应保持钢轨同时起落，装车时应确保钢轨均匀放置在车体左右两侧，防止压翻车体。

后记

随着铁路体制改革的深入，大量临时（劳务）工陆续补充到营业线施工队伍中来，加之各种新技术、新材料、新工艺、新设备大量投入使用，铁路运输安全形势更加严峻。在铁路营业线施工中，既要保证施工队伍的劳动安全，又要保证营业线的行车安全，就必须认真落实各项安全措施和有关法律、规章的要求，必须全面提高施工队伍的安全意识和安全知识。

为使一线施工人员更好地掌握铁路营业线施工安全基本常识、安全操作技能和安全注意事项，以最大程度地减少事故，组织编写了本书（与《图解邻近铁路营业线施工安全》分册配合使用）。在撰写过程中注意把安全管理、安全技术及安全作业有机统一起来，以安全作业为重点图解内容，同时兼顾了安全管理与安全技术相关内容的分析和阐述。

要创造性地采用图画方式将安全问题展现在读者面前，看似简单，实则难度很大。难题之一是有些安全问题用图画难以表达或有很大的局限性，有时甚至无法实现。撰写过程中的另一难题是：绘图人员不懂专业，对工程相关情况缺乏基本的感性认识。这就需要将脚本写得相当详尽，或当面指导绘图工作。即使这样，一般情况下每一幅图也需要经过多次反复修改，方能达到要求。

此外，由于施工机械设备种类型号繁多，只能选取某一型号来表述问题，从而使得读者现场所见到的机械设备可能会与本书中展现的有所不同。加之铁路工程的复杂性，也可能会造成读者实际所处的施工场景与本书所描述的不太一致。对于以上客观原因造成的不足，敬请读者谅解。

本书由中铁二十一局二公司董事长张发祥编著。本书插图由技画师田晓彤、河北传媒学院学生宋瑞绘制完成，河北科技大学动画学院学生王亚利、刘冠英、杨晓丽、李亚楠、王晓颖、薛丹丹、殷佳佳、刘赛以及河北传媒学院学生齐梦雅、邱晓楠、刘梦也参与了部分工作。中国铁道出版社石家庄铁道大学发行分部赵春虎、于超、杨晓燕对本书撰写也提出了宝贵意见。在此一并表示感谢。

限于时间和水平，书中错误和不妥之处在所难免，敬请读者不吝赐教。

编著者

2013年5月

“图解铁路工程施工安全”系列丛书

1. 图解铁路桥梁基础施工安全
2. 图解铁路桥梁墩台与支座施工安全
3. 图解铁路简支梁制造运输架设安全
4. 图解铁路桥位制梁施工安全
5. 图解铁路钢桥与结合梁桥施工安全
6. 图解铁路拱桥斜拉桥及转体施工安全
7. 图解铁路桥涵综合施工作业安全
8. 图解铁路隧道洞身与洞口工程施工安全
9. 图解铁路不良地质与特殊岩土隧道施工安全及逃生
10. 图解铁路隧道辅助施工作业安全
11. 图解铁路路基本体施工安全
12. 图解铁路路基附属工程及特殊路基施工安全
13. 图解铁路轨道材料作业与运输安全
14. 图解铁路轨道道床施工安全
15. 图解铁路轨道铺设安全
16. 图解铁路通信与信号工程施工安全
17. 图解铁路电力与电力牵引供电工程施工安全
18. 图解邻近铁路营业线施工安全

“图解铁路工程施工安全”系列丛书

19 图解铁路营业线施工安全

20 图解铁路工程拆除作业安全

21 图解铁路工程装卸与搬运安全

22 图解地铁隧道工程施工安全

23 图解铁路工程施工用电安全

24 图解铁路工程施工防火与消防

25 图解铁路工程材料储存与运输安全

26 图解铁路工程起重及垂直运输安全

27 图解特殊天气条件下铁路工程施工安全

28 图解铁路工程特殊环境与场所作业安全

29 图解铁路临时工程施工作业安全

30 图解铁路工程土石方作业安全

31 图解铁路工程桩工与水工机械作业安全

32 图解铁路混凝土与砌体工程施工安全

33 图解铁路钢筋工程与预应力工程作业安全

34 图解铁路工程焊接与动力电气安全

35 图解铁路工程小型机具作业安全

36 图解铁路工程施工安全防护与安全心理